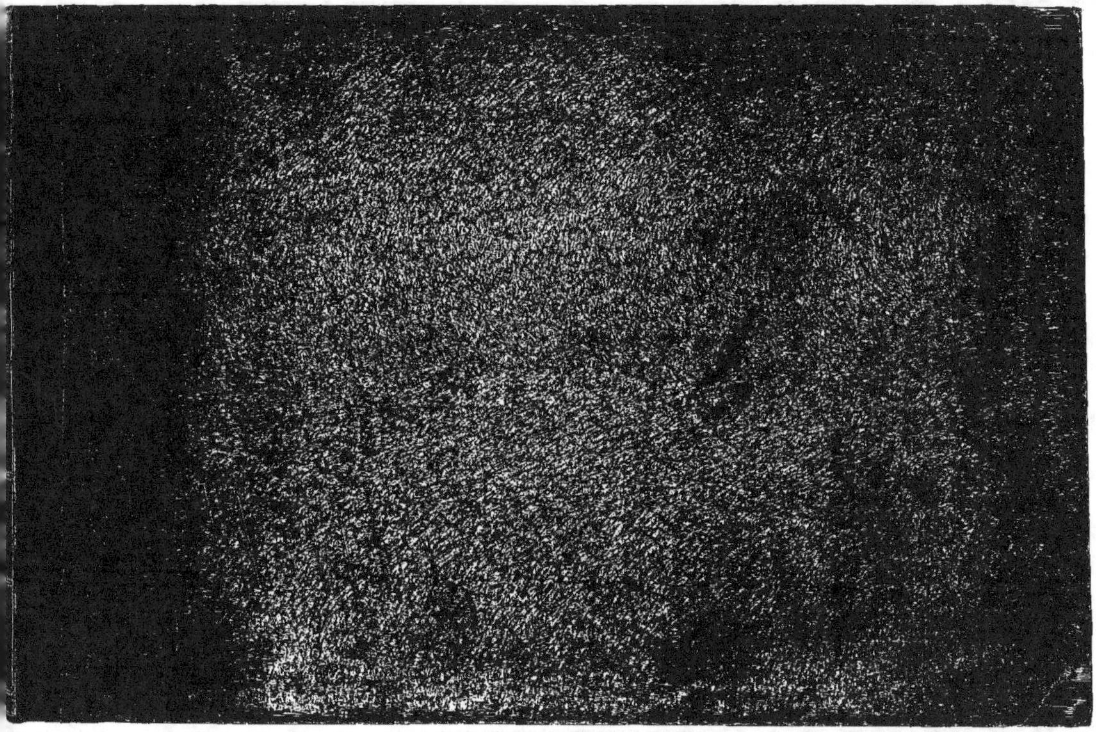

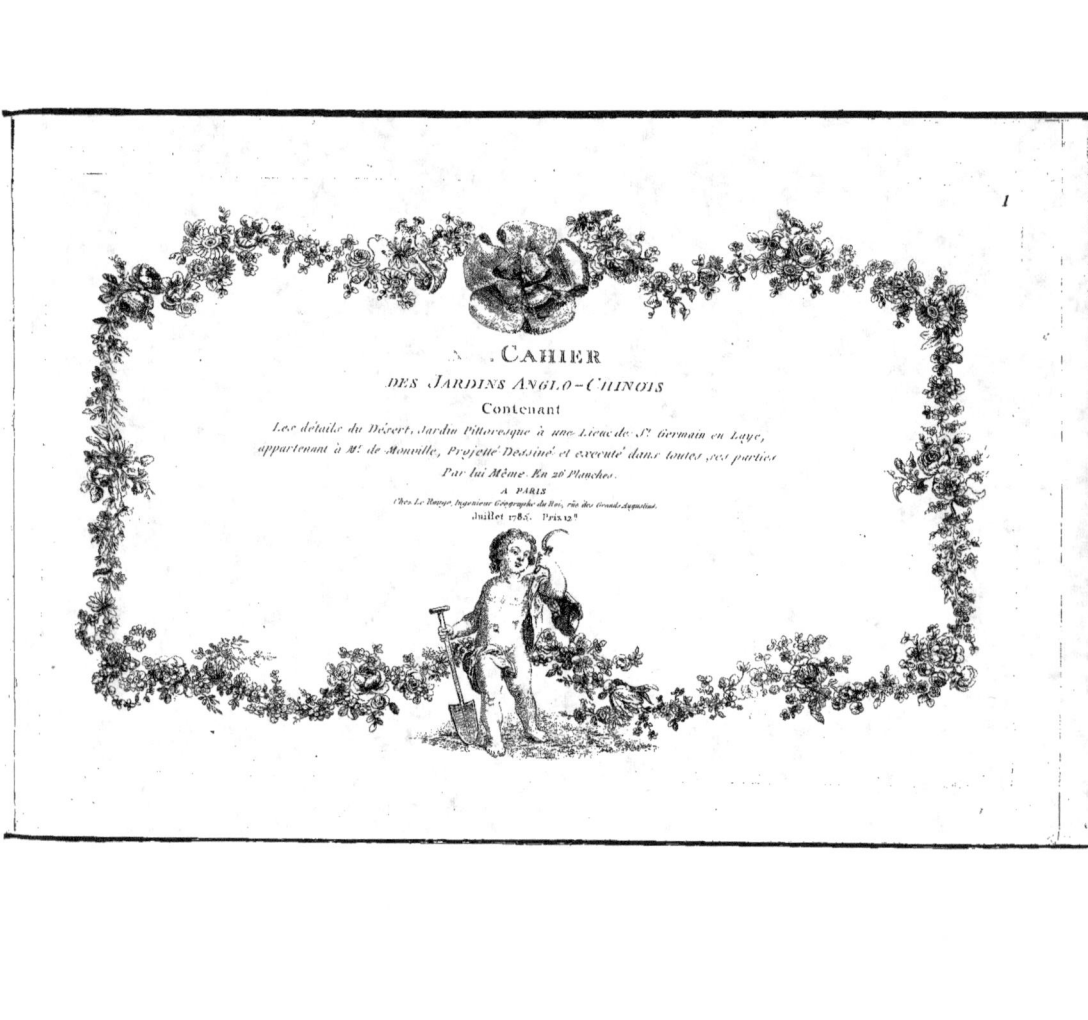

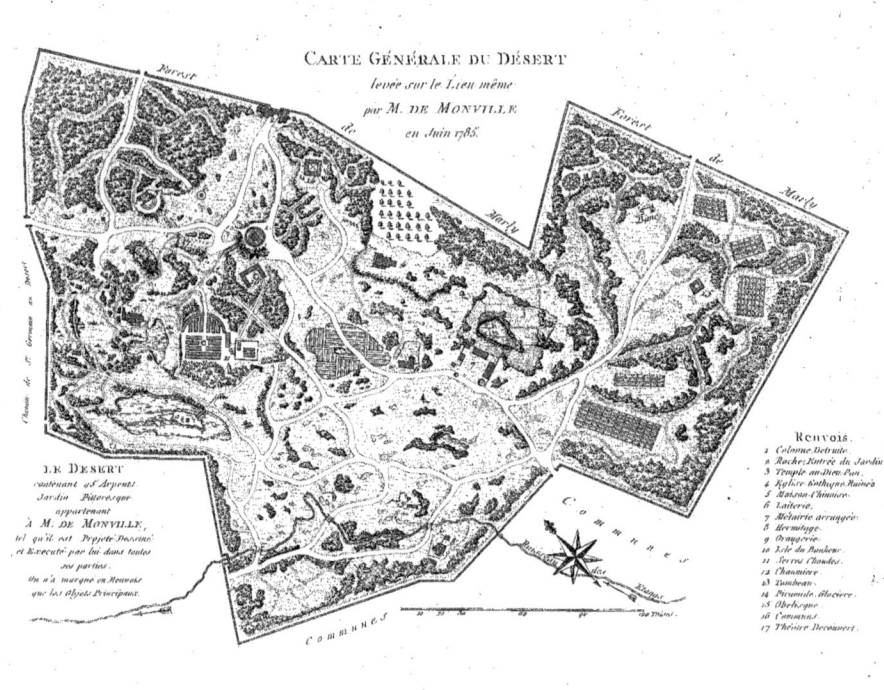

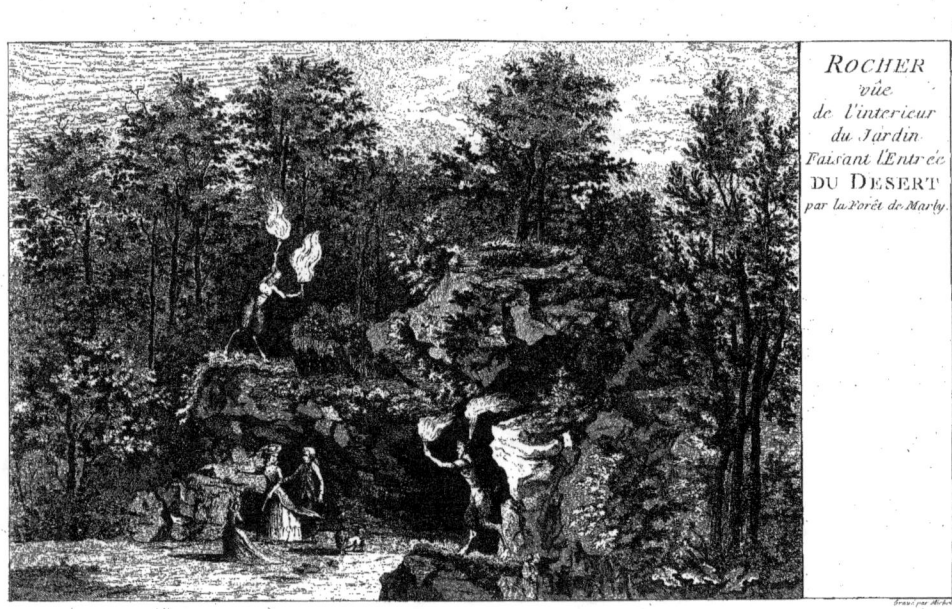

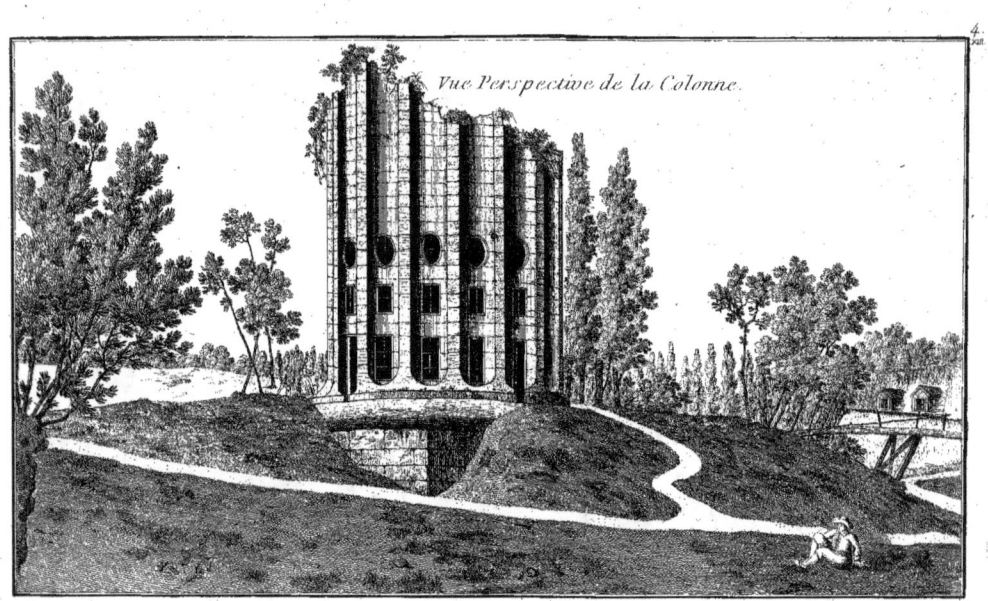

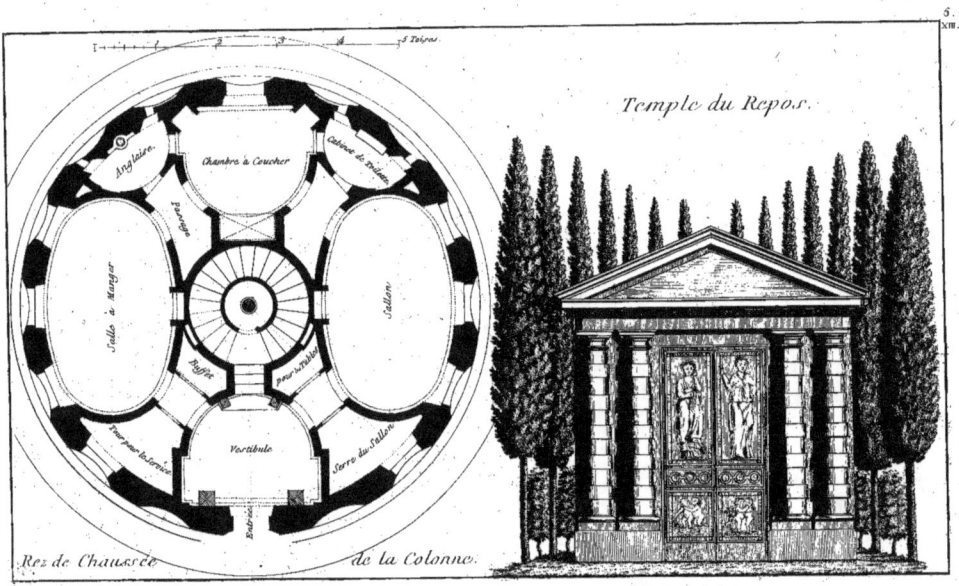

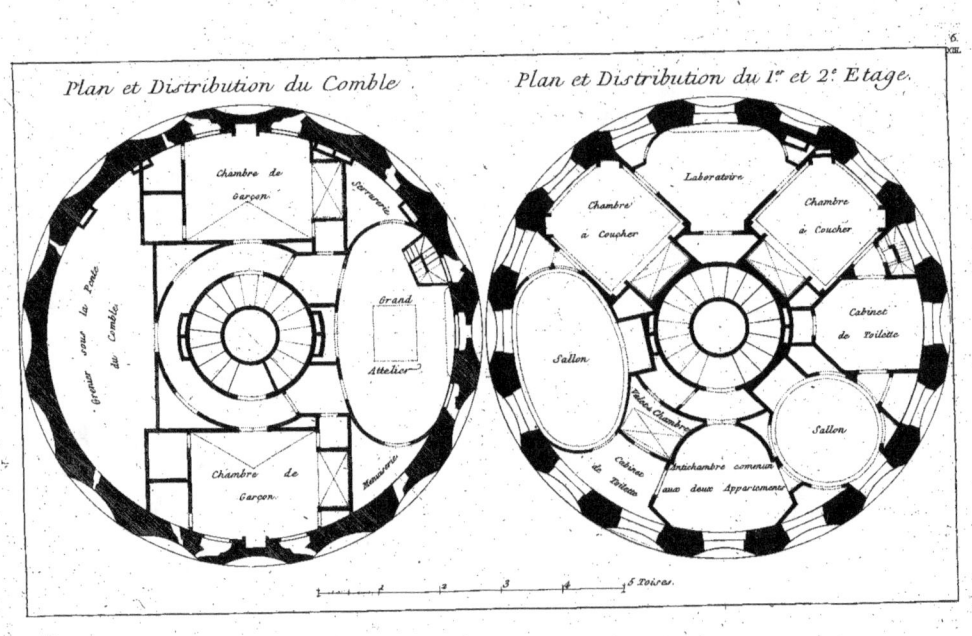

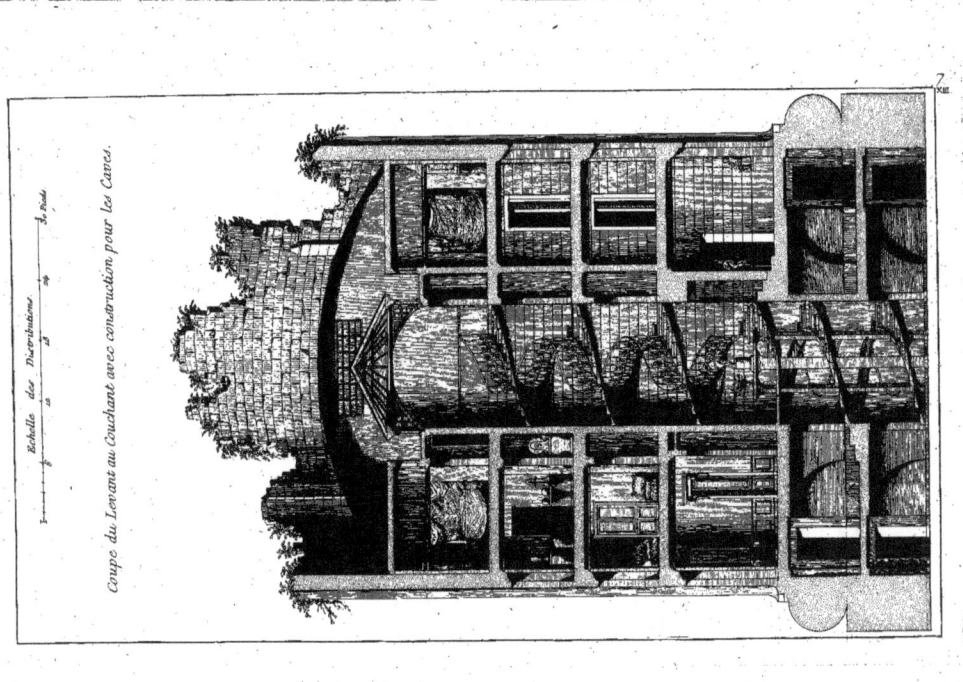

Coupe du Levant au Couchant avec construction pour les Caves.

Echelle des Distributions

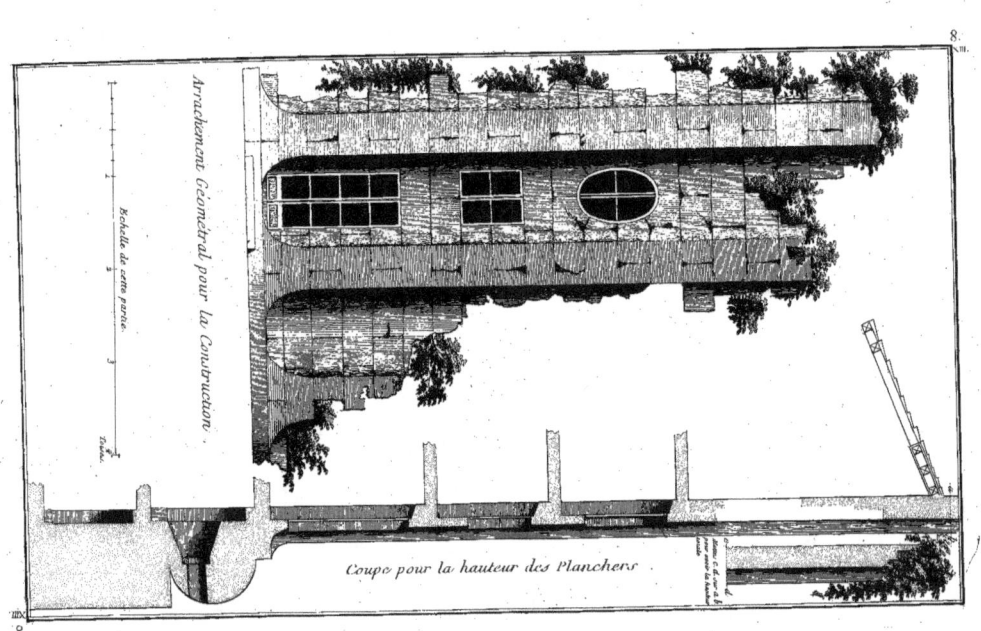

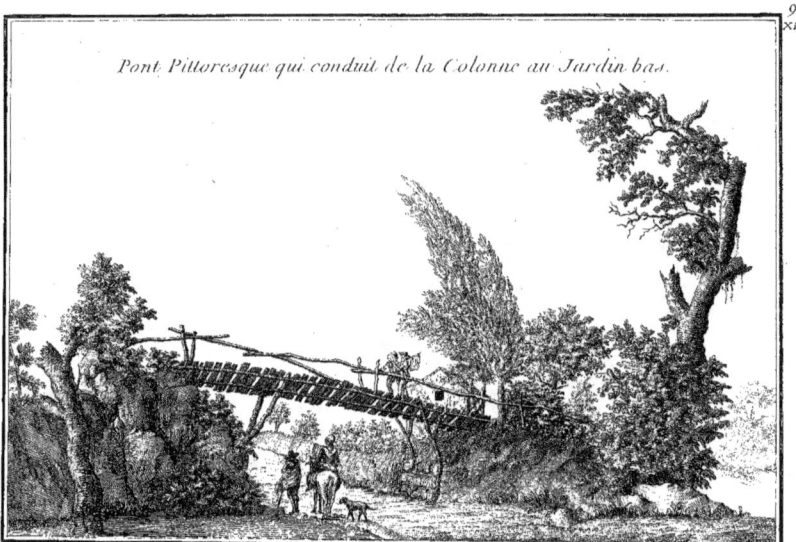

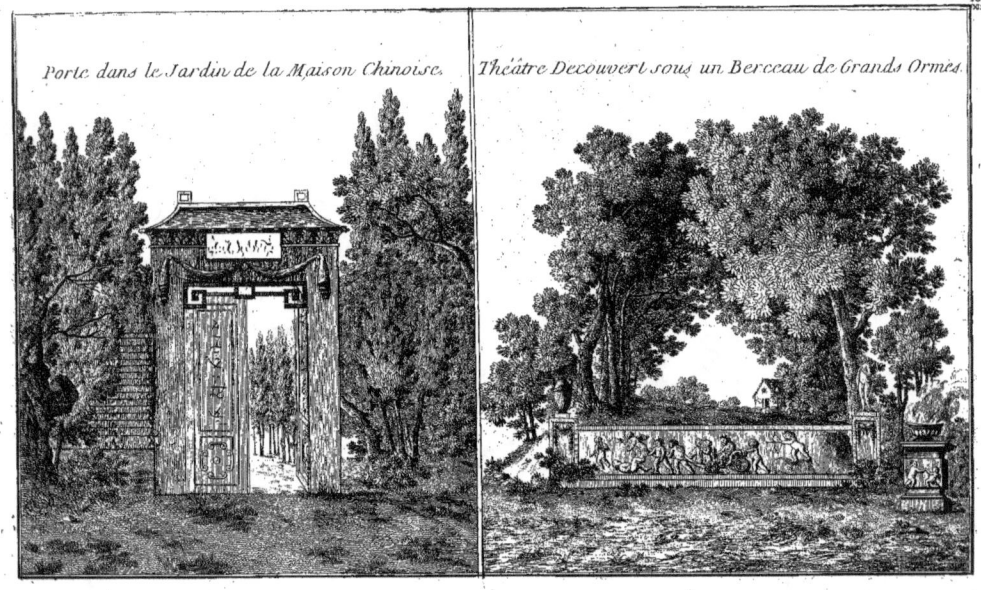

Porte dans le Jardin de la Maison Chinoise. | Théâtre Decouvert sous un Berceau de Grands Ormes.

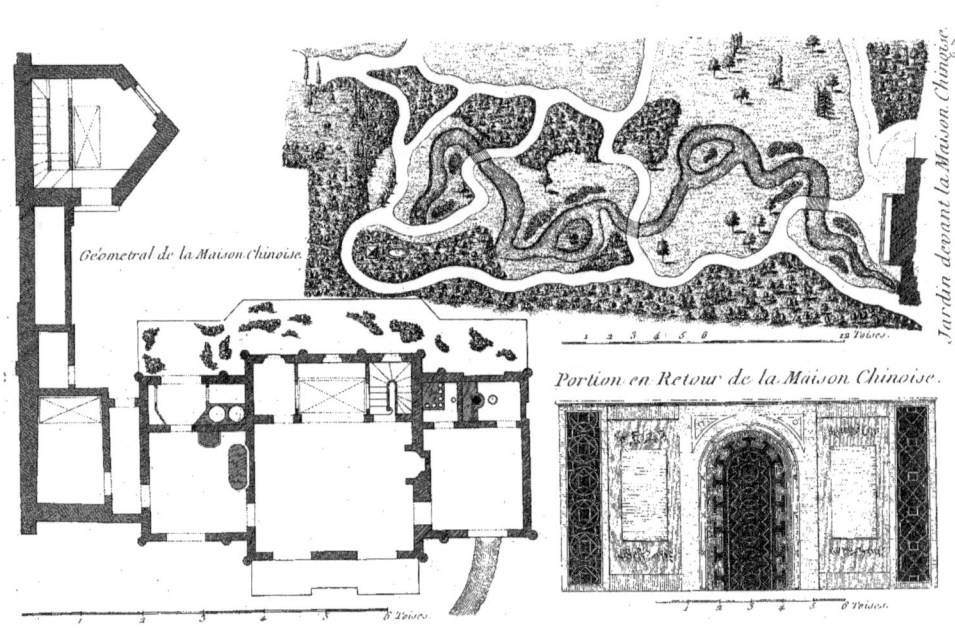

Géometral de la Maison Chinoise.
Jardin devant la Maison Chinoise.
Portion en Retour de la Maison Chinoise.

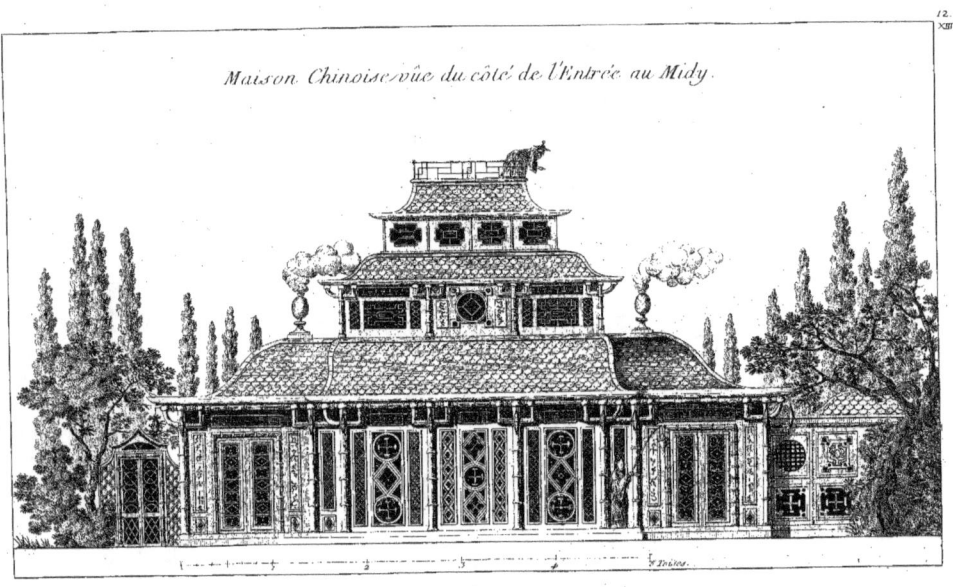

Maison Chinoise vûe du côté de l'Entrée au Midy.

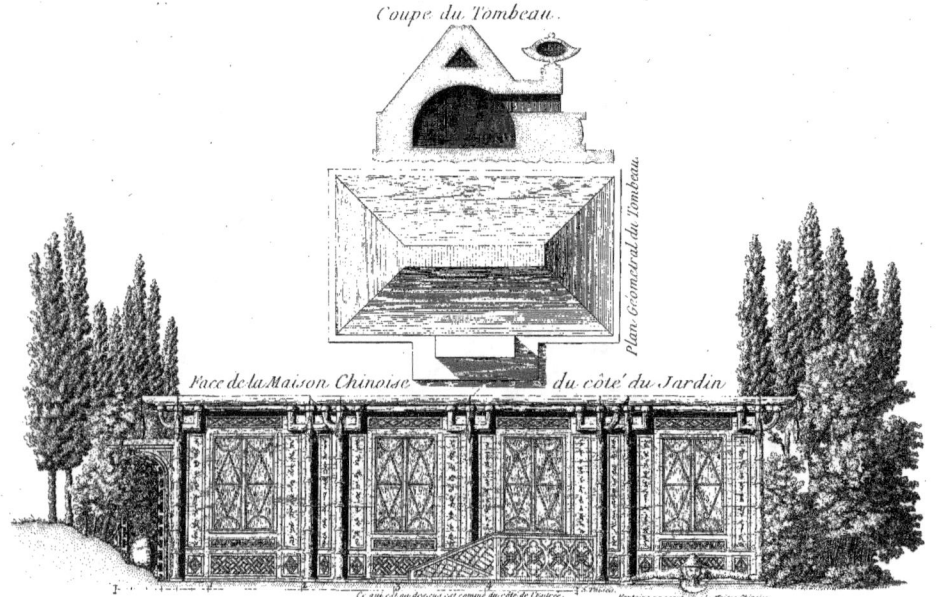

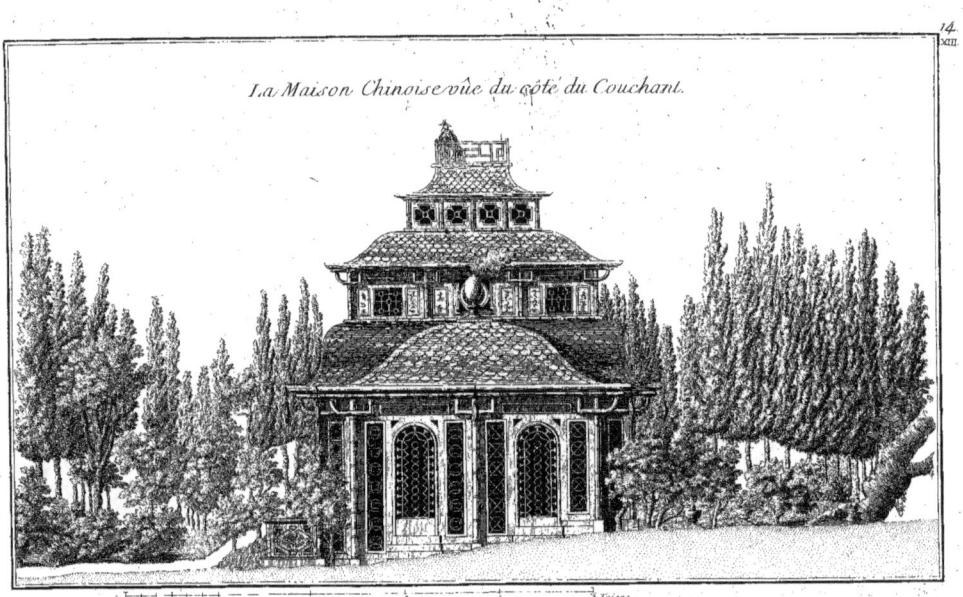

La Maison Chinoise vûe du côté du Couchant.

Coupe de la Maison Chinoise sur la Largeur en Face du Jardin.

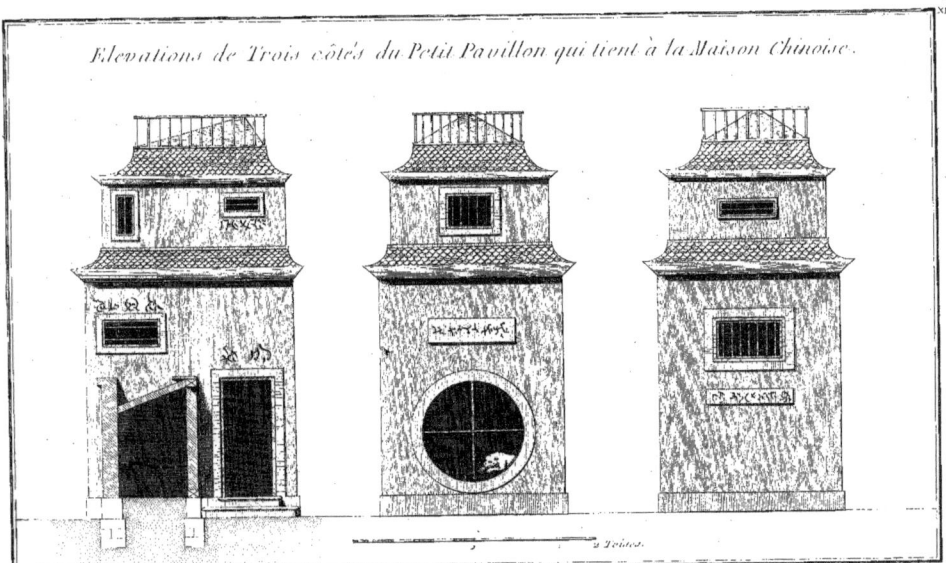

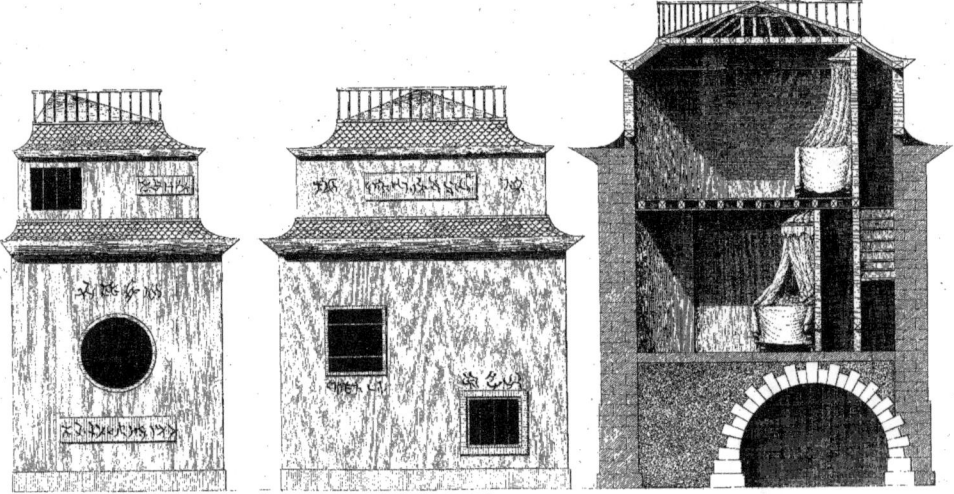

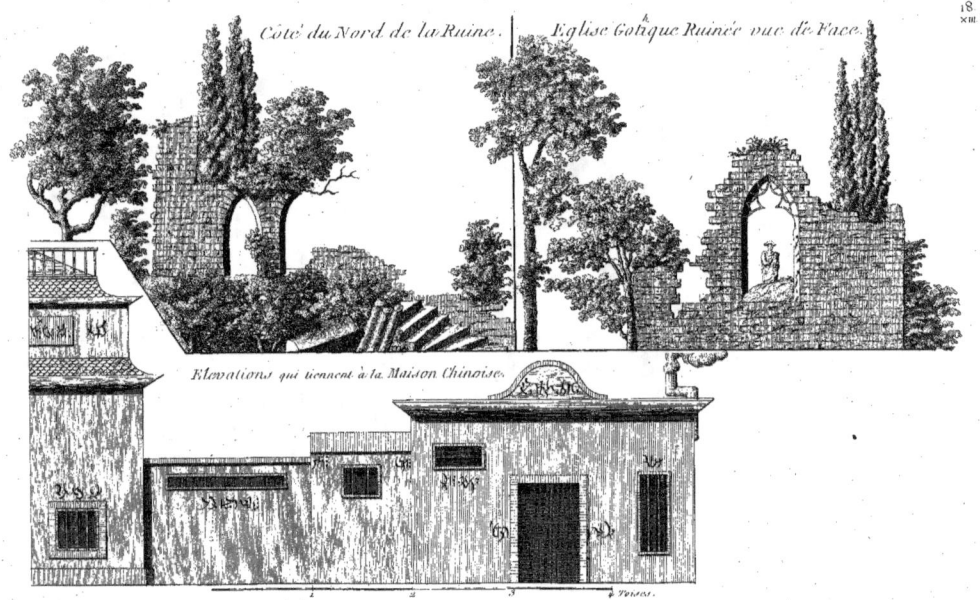

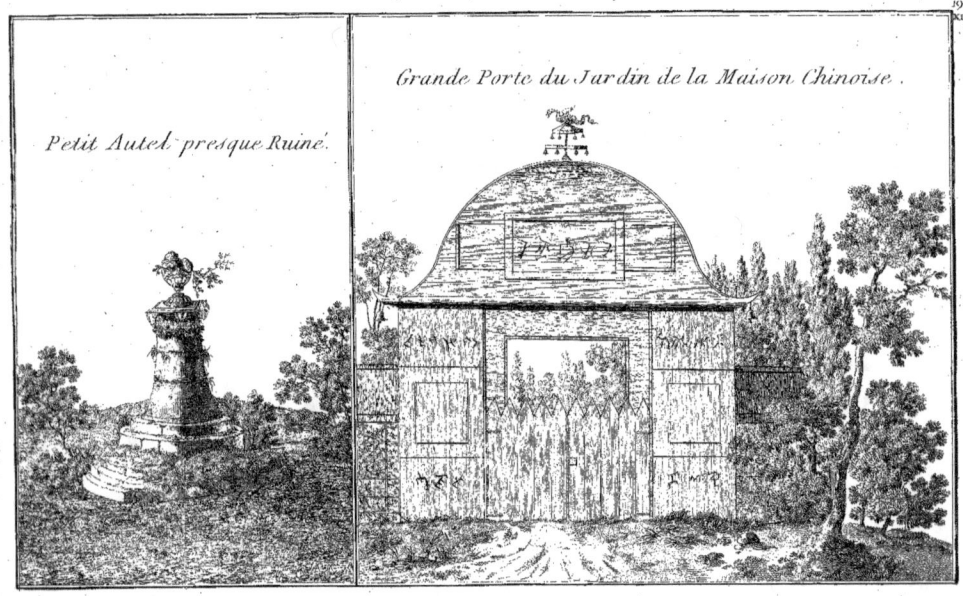

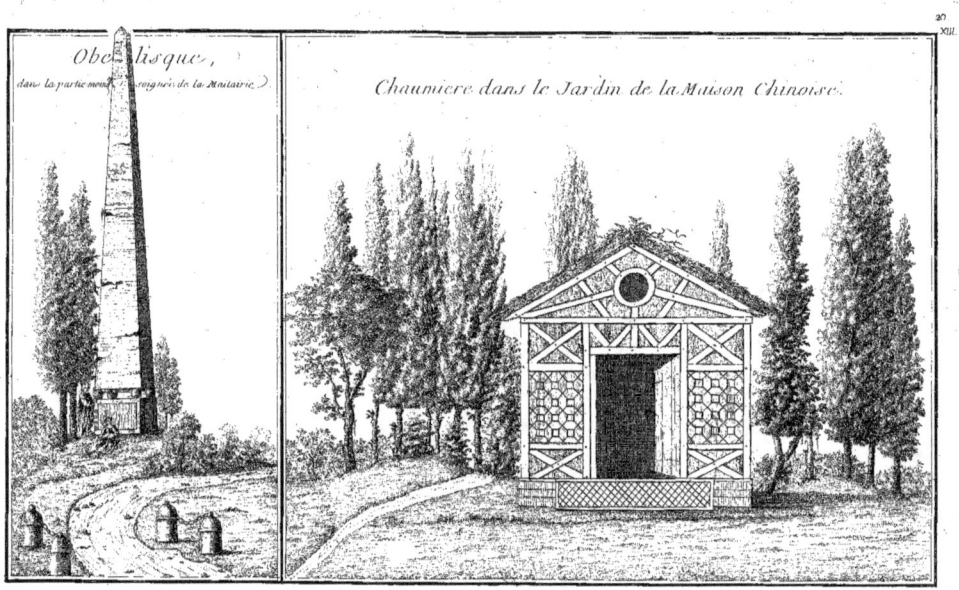

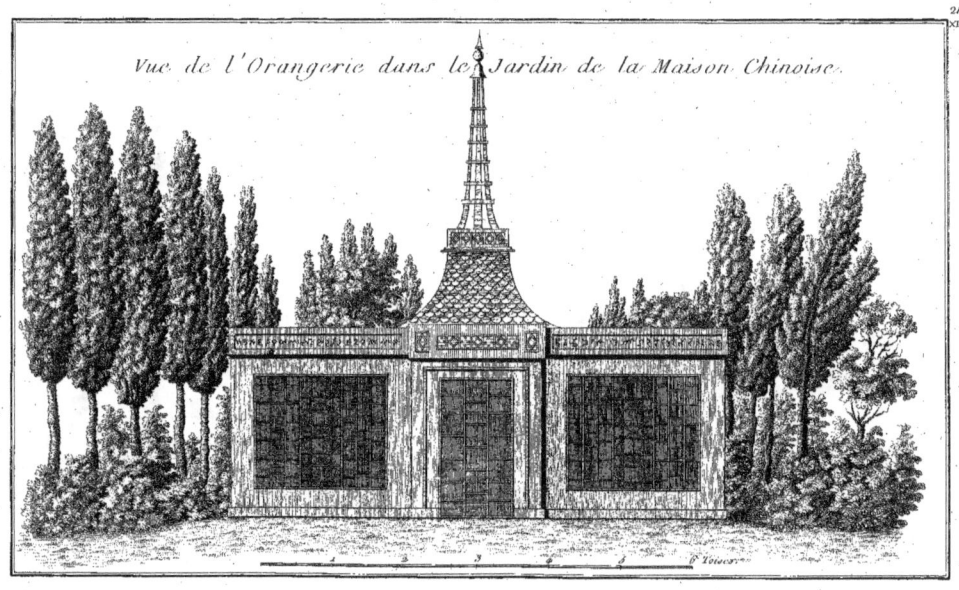

Vue de l'Orangerie dans le Jardin de la Maison Chinoise.

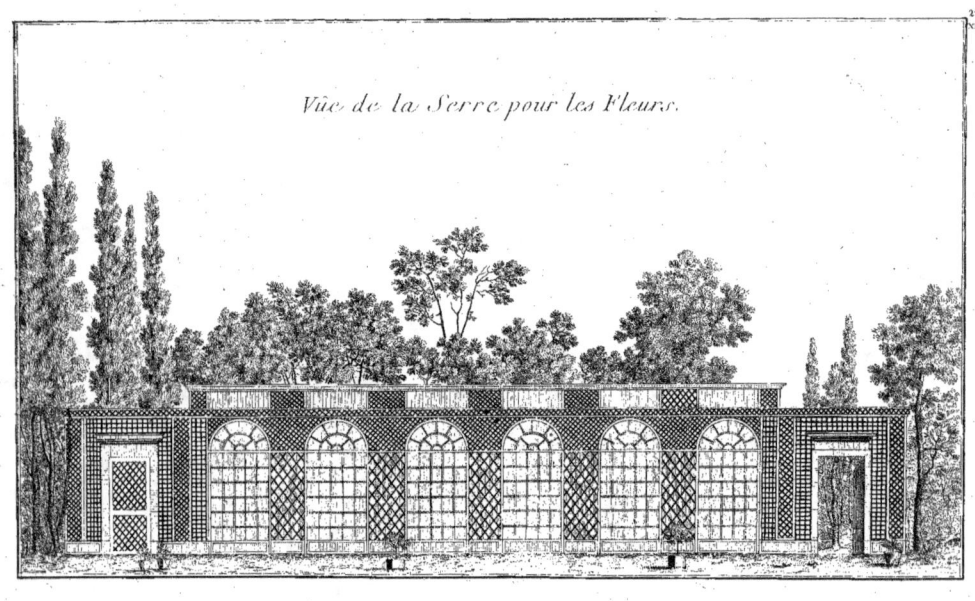

Vûe de la Serre pour les Fleurs.

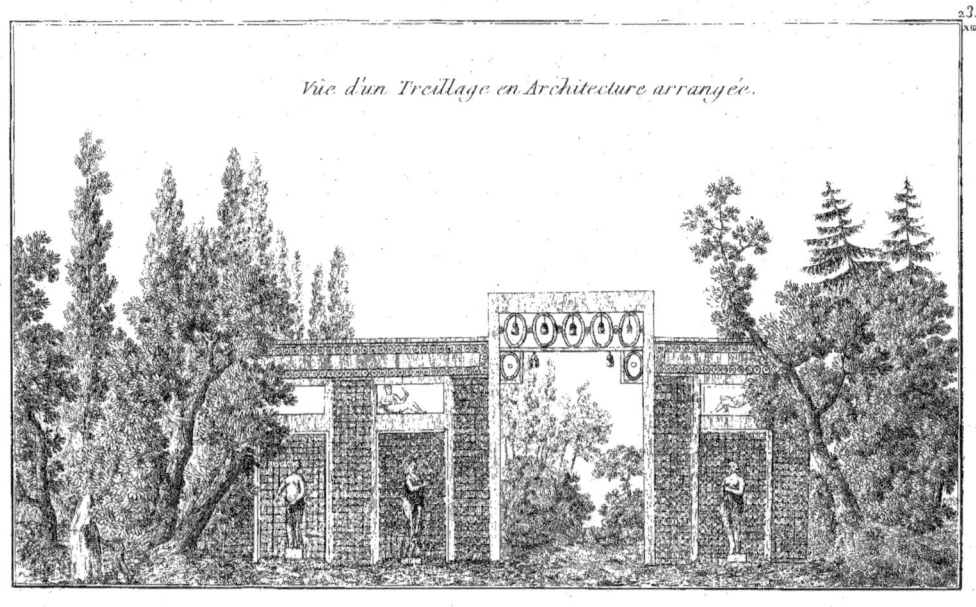
Vue d'un Treillage en Architecture arrangée.

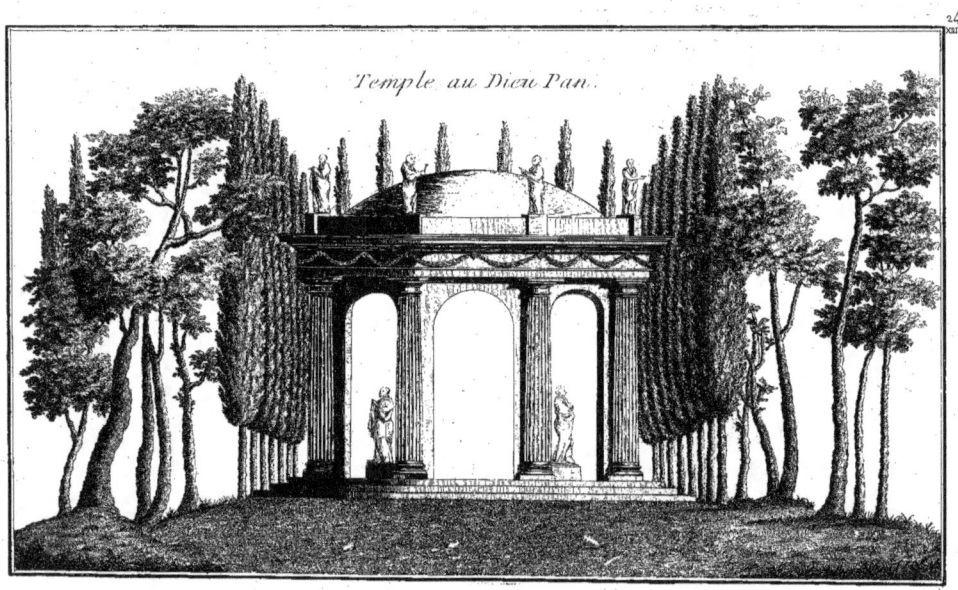

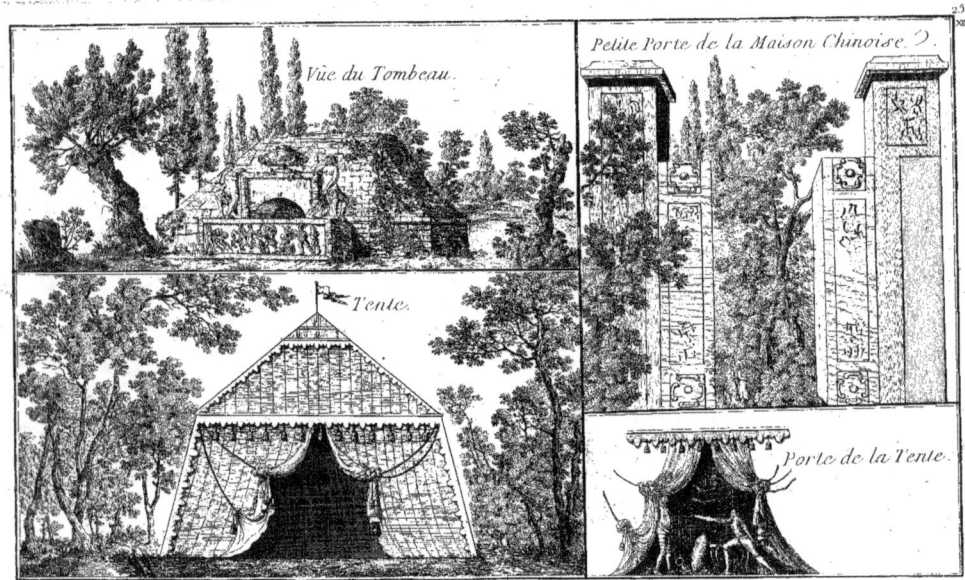

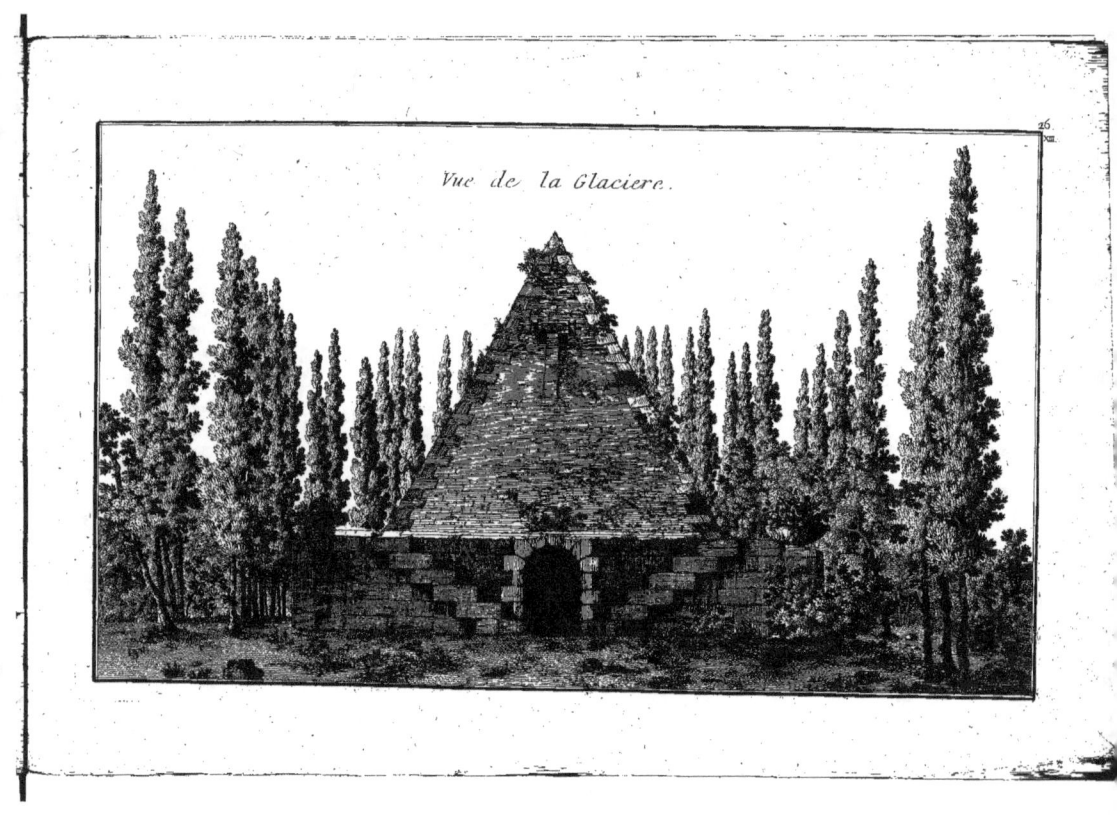
Vue de la Glaciere.

www.ingramcontent.com/pod-product-compliance
Lightning Source LLC
Chambersburg PA
CBHW050025230526
45470CB00003B/1138